les cracontes **bilboquet**

Dans la même collection :

Que font les loups quand ils ne font pas peur aux enfants ?
Que font les sorcières quand elles ne font pas peur aux enfants ?
Que font les princesses quand elles n'attendent pas le prince charmant ?

ISBN 978-2-84181-341-4
Copyright 2011 Editions Bilboquet
Dépôt légal Mars 2011
Imprimé dans l'union européenne par l'intermédiaire de www.alphabook.fr

Que fait le Père Noël quand il ne distribue pas de jouets aux enfants ?

Céline Lamour-Crochet   Olivier Daumas

bilbOquet

Au mois de janvier, il se repose tout d'abord de son épuisante tournée. Ensuite, il prépare une galette des rois qu'il déguste avec ses amis les lutins.

Malheureusement, ceux-ci veulent tous obtenir la seule et unique fève. Dès que le Père Noël a le dos tourné, ils essaient de trouver un indice permettant de voir où il l'a cachée. Ensuite, ils se chamaillent pour avoir la couronne. Le père Noël ordonne aussitôt une trêve !

En février, le Père Noël dévale les pistes de ski à toute vitesse. Il n'a peur de rien, car il ne voit pas très bien. Malheureusement, il finit souvent sa course dans les sapins ! Il utilise finalement une luge, c'est plus sûr !

Qui se cache sous le chapeau de pirate ?
- [ ] Le Père Noël
- [ ] Le lapin de Pâques
- [ ] Pinocchio
- [ ] La petite souris

Qui se cache derrière le masque de Spiderman ?
- [ ] Le Père Noël
- [ ] Le lapin de Pâques
- [ ] Pinocchio
- [ ] La petite souris

Lorsqu'arrive le mois de mars, le Père Noël se prépare pour le carnaval. Il est enchanté de troquer, au moins une fois dans l'année, sa tenue rouge foncée contre un déguisement d'homme araignée, de cow-boy, ou encore de policier.

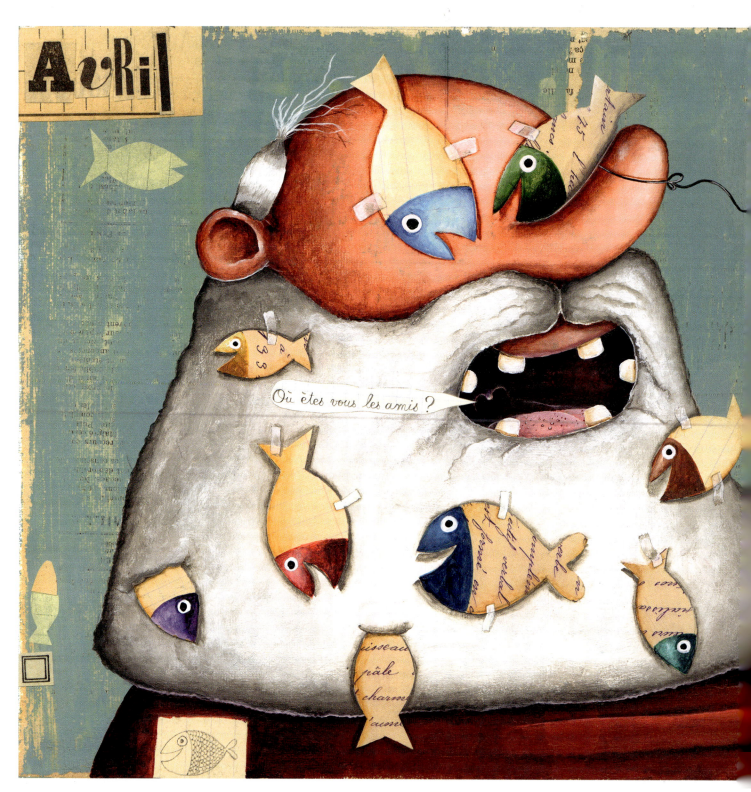

Le premier avril, les lutins font tout plein de blagues au Père Noël. Il est couvert de poissons d'avril de la tête aux pieds, pendant toute la journée. Heureusement qu'il n'est pas susceptible et qu'il apprécie les plaisanteries !

Le père Noël

Le lutin

Le jour de Pâques, le Père Noël cherche partout les œufs en chocolat que son ami le lapin a caché avec soin. Mais il a beau inspecter chaque recoin jusqu'à la fin du mois de mai, il ne trouve jamais rien. Et pour cause : les lutins, plus rapides, passent toujours avant lui et ramassent tout sur leur passage !

Pauvre Père Noël !

Le Père Noël profite de l'arrivée du beau temps en juin pour se perfectionner au pilotage. Au programme : boucles, tonneaux et loopings dans les nuages. Certains adultes croient voir un OVNI dans le ciel, mais il s'agit bien du Père Noël !

En juillet, ce sont enfin les grandes vacances ! Le Père Noël adorerait retourner au centre aéré mais on lui dit chaque année qu'il est bien trop âgé !
Il a donc installé dans le fond de son jardin un trampoline, une balançoire et un toboggan ; et bien caché derrière une haie, il s'amuse à l'abri des regards indiscrets.

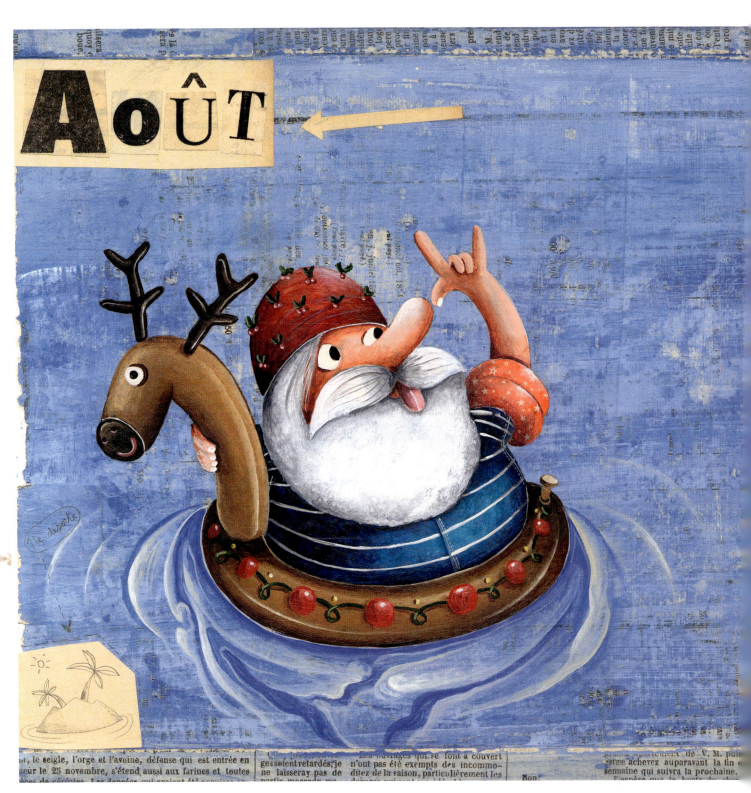

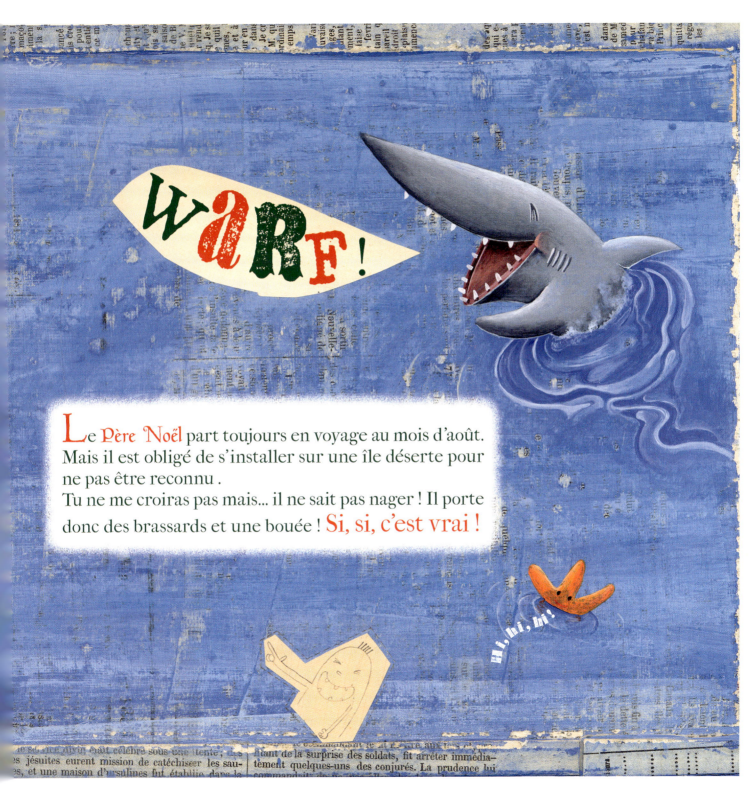

WaRF !

Le **Père Noél** part toujours en voyage au mois d'août. Mais il est obligé de s'installer sur une île déserte pour ne pas être reconnu . Tu ne me croiras pas mais... il ne sait pas nager ! Il porte donc des brassards et une bouée ! Si, si, c'est vrai !

Hi, hi, hi !

SEPTEMBRE

En septembre, fini les vacances ! Le Père Noël ne va pas à l'école, mais il prépare déjà sa prochaine tournée. Il choisit les meilleurs rennes en leur faisant faire des courses dans les nuages, des sauts d'obstacles et des zigzags entre les cheminées... La sélection est difficile, mais quel prestige de faire partie de l'attelage du Père Noël !

YES !

OCTOBRE

Tout le mois d'octobre, le Père Noël analyse les plans des cheminées du monde entier. Il élimine les cheminées trop étroites, pour ne pas rester coincé et celles où l'on fait des feux, pour ne pas avoir les fesses brûlées !

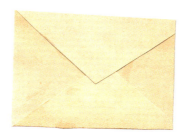

En novembre, le Père Noël reste bien au chaud près de la cheminée et lit les courriers des enfants du monde entier. Le plus difficile, c'est de trouver le jouet le plus adapté pour les petits étourdis qui ont oublié de poster leur lettre. Quel casse-tête !

Il s'est préparé toute l'année pour le grand jour de Noël, ce moment si particulier où il va enfin pouvoir faire ce qu'il aime par dessus tout : gâter les enfants du monde entier ! Merci Père Noël !

Merci Père Noël !